화엄경 제10권 해설

화엄경 제10권에는 화장세계 3이 있다.

또 이구염장 향수해 동쪽에 변화미묘신 향수해가 있는데, 그 바다 가운데 선포차별방 세계종이 있다.

그 다음에 이어서 금간안당 등 10종 세계종(pp.1~4)이 있고, 그 밑 상·하방 세계에도 가애락 등 10불세계(pp.5~10)가 있으며, 그 중 하방세계와 상방세계(pp.11~50)에도 무진한 세계가 있음을 밝히고, 마지막으로 사바세계의 주소(pp.51~53)를 밝혔다. 그리고 거듭 게송으로 읊었다.(pp.54~83)
"華藏世界海 ～ 一切無不聞"
하고 말이다.

大方廣佛華嚴經

華藏世界品

爾時 普賢菩薩 復告大衆 三

之五

諸佛子 彼離垢焰藏香水海

東次 有水海 名變化微妙身

妙差別方 中有世界種 名善

布次有香水海 名金剛眼幢

嚴	次	輪		世	香	世
엄	차	륜		세	향	세
世	有	世	次	界	水	界
세	유	세	차	계	수	계
界	香	界	有	種	海	種
계	향	계	유	종	해	종
種	水	種	香	名	名	名
종	수	종	향	명	명	명
名	海	名	水	恒	種	莊
명	해	명	수	항	종	장
毘	名	寶	海	出	種	嚴
비	명	보	해	출	종	엄
盧	妙	蓮	名	十	蓮	法
로	묘	연	명	시	연	법
遮	香	華	無	方	華	界
자	향	화	무	방	화	계
那	焰	莖	間	變	妙	橋
나	염	경	간	변	묘	교
變	普	密	寶	化	莊	次
변	보	밀	보	화	장	차
化	莊	雲	王		嚴	有
화	장	운	왕		엄	유

사경의 공덕은 십만억 부처님께 공양한 것과 같은 공덕이 있습니다.

具구		光광	次차	幢당		行행
境경	次차	世세	有유	世세	次차	
界계	有유	界계	香향	界계	有유	
世세	香향	種종	水수	種종	香향	
界계	水수	名명	海해	名명	水수	
種종	海해	最최	名명	諸제	海해	
名명	名명	勝승	一일	佛불	名명	
寶보	一일	光광	切체	護호	寶보	
焰염	切체	徧변	色색	念념	末말	
燈등	莊장	照조	熾치	境경	閻염	
如여	嚴엄		然연	界계	浮부	

사경의 공덕은 십만억 부처님께 공양한 것과 같은 공덕이 있습니다.

界계	愛애	體체	明명	名명	水수	是시
圍위	樂락	此차	以이	玻파	海해	等등
遶요	淨정	中중	世세	瓈려	其기	不불
純순	光광	最최	界계	地지	最최	可가
一일	幢당	下하	海해	世세	近근	說설
淸청	佛불	方방	淸청	界계	輪륜	佛불
淨정	刹찰	有유	淨정	種종	圍위	刹찰
佛불	微미	世세	劫겁	名명	山산	微미
號호	塵진	界계	音음	常상	香향	塵진
最최	數수	名명	聲성	放방	水수	數수
勝승	世세	可가	爲위	光광	海해	香향

三昧精進慧 此上過十佛刹微塵數世界與金剛幢世界齊等有世界名香莊嚴幢十佛剎微塵數世界圍遶純一清淨佛號無障礙法界燈 此上過三佛刹微塵數世

사경의 공덕은 십만억 부처님께 공양한 것과 같은 공덕이 있습니다.

大方廣佛華嚴經 5

界계	名명	障장		界계	界계	塵진
與여	放방	礙애	此차	至지	名명	數수
娑사	光광	慧혜	上상	此차	最최	世세
婆바	明명	明명	過과	世세	勝승	界계
世세	藏장		七칠	界계	身신	圍위
界계	佛불		佛불	種종	香향	遶요
齊제	號호		刹찰	最최	二이	純순
等등	徧변		微미	上상	十십	一일
有유	法법		塵진	方방	佛불	淸청
世세	界계		數수	有유	刹찰	淨정
界계	無무		世세	世세	微미	佛불

사경의 공덕은 십만억 부처님께 공양한 것과 같은 공덕이 있습니다.

水수	界계		妙묘	水수		號호
海해	種종	次차	光광	海해	諸제	覺각
名명	名명	有유	世세	外외	佛불	分분
妙묘	無무	香향	界계	次차	子자	華화
寶보	邊변	水수	種종	有유		彼피
莊장	普보	海해	名명	香향	無무	
嚴엄	莊장	名명	徧변	水수	盡진	
世세	嚴엄	光광	無무	海해	光광	
界계	次차	耀요	垢구	名명	明명	
種종	有유	蓋개		具구	輪륜	
名명	香향	世세		足족	香향	

사경의 공덕은 십만억 부처님께 공양한 것과 같은 공덕이 있습니다.

明 명		種 종	香 향	世 세		香 향
世 세	次 차	名 명	水 수	界 계	次 차	摩 마
界 계	有 유	光 광	海 해	種 종	有 유	尼 니
種 종	香 향	明 명	名 명	名 명	香 향	軌 궤
名 명	水 수	徧 변	香 향	善 선	水 수	度 도
華 화	海 해	滿 만	幢 당	建 건	海 해	形 형
焰 염	名 명		須 수	立 립	名 명	
輪 륜	栴 전		彌 미	莊 장	出 출	
次 차	檀 단		藏 장	嚴 엄	佛 불	
有 유	妙 묘			世 세	次 차	音 음
香 향	光 광			界 계	有 유	聲 성

사경의 공덕은 십만억 부처님께 공양한 것과 같은 공덕이 있습니다.

	毘비	水수	嚴엄		焰염	水수
如여	瑠유	海해	世세	次차	雲운	海해
是시	璃리	名명	界계	有유	幢당	名명
等등	末말	平평	種종	香향		風풍
不불	種종	坦탄	名명	水수		力력
可가	種종	嚴엄	眞진	海해		持지
說설	莊장	淨정	珠주	名명		世세
佛불	嚴엄	世세	藏장	帝제		界계
刹찰		界계	次차	釋석		種종
微미		種종	有유	身신		名명
塵진		名명	香향	莊장		寶보

사경의 공덕은 십만억 부처님께 공양한 것과 같은 공덕이 있습니다.

過과	炬거		伏복	生생	水수	數수
十십	幢당	此차	魔마	諸제	海해	香향
佛불	佛불	中중	音음	方방	名명	水수
刹찰	號호	最최	爲위	廣광	妙묘	海해
微미	世세	下하	體체	大대	樹수	其기
塵진	間간	方방		刹찰	華화	最최
數수	功공	有유		以이	世세	近근
世세	德덕	世세		一일	界계	輪륜
界계	海해	界계		切체	種종	圍위
與여	此차	名명		佛불	名명	山산
金금	上상	焰염		摧최	出출	香향

사경의 공덕은 십만억 부처님께 공양한 것과 같은 공덕이 있습니다.

號호	世세	海해	世세		生생	剛강
善선	界계	王왕	界계	此차	寶보	幢당
變변	名명	於어	名명	上상	佛불	世세
化화	寶보	此차	衣의	與여	號호	界계
蓮연	瓔영	世세	服복	娑사	師사	齊제
華화	珞락	界계	幢당	婆바	子자	等등
幢당	師사	種종	佛불	世세	力력	有유
	子자	最최	號호	界계	寶보	世세
	光광	上상	一일	齊제	雲운	界계
	明명	方방	切체	等등		名명
	佛불	有유	智지	有유		出출

사경의 공덕은 십만억 부처님께 공양한 것과 같은 공덕이 있습니다.

嚴 (엄)	光 (광)		淨 (정)	莊 (장)	水 (수)
次 (차)	耀 (요)	次 (차)	行 (행)	嚴 (엄)	海 (해)
有 (유)	海 (해)	有 (유)	莊 (장)	具 (구)	外 (외)
香 (향)	世 (세)	香 (향)	嚴 (엄)	瑩 (영)	次 (차)
水 (수)	界 (계)	水 (수)		飾 (식)	有 (유)
海 (해)	種 (종)	海 (해)		幢 (당)	香 (향)
名 (명)	名 (명)	名 (명)		世 (세)	水 (수)
蓮 (연)	功 (공)	一 (일)		界 (계)	海 (해)
華 (화)	德 (덕)	切 (체)		種 (종)	名 (명)
開 (개)	相 (상)	寶 (보)		名 (명)	一 (일)
敷 (부)	莊 (장)	華 (화)	淸 (청)	切 (체)	香 (향)

사경의 공덕은 십만억 부처님께 공양한 것과 같은 공덕이 있습니다.

大方廣佛華嚴經

光 광		名 명	水 수		次 차	世 세
明 명	次 차	百 백	海 해	世 세	有 유	界 계
世 세	有 유	光 광	名 명	界 계	香 향	種 종
界 계	香 향	雲 운	可 가	種 종	水 수	名 명
種 종	水 수	照 조	愛 애	名 명	海 해	菩 보
名 명	海 해	耀 요	華 화	淨 정	名 명	薩 살
寶 보	名 명		徧 변	珠 주	妙 묘	摩 마
光 광	徧 변		照 조	輪 륜	寶 보	尼 니
普 보	虛 허		世 세	次 차	衣 의	冠 관
照 조	空 공		界 계	有 유	服 복	莊 장
次 차	大 대		種 종	香 향		嚴 엄

사경의 공덕은 십만억 부처님께 공양한 것과 같은 공덕이 있습니다.

	善 선	水 수	藏 장		界 계	有 유
如 여	化 화	海 해	世 세	次 차	種 종	香 향
是 시	現 현	名 명	界 계	有 유	名 명	水 수
等 등	佛 불	寶 보	種 종	香 향	金 금	海 해
不 불	境 경	輪 륜	名 명	水 수	月 월	名 명
可 가	界 계	光 광	佛 불	海 해	眼 안	妙 묘
說 설	光 광	明 명	光 광	名 명	瓔 영	華 화
佛 불	明 명	世 세	明 명	眞 진	珞 락	莊 장
刹 찰		界 계	次 차	珠 주		嚴 엄
微 미		種 종	有 유	香 향		幢 당
塵 진		名 명	香 향	海 해		世 세

사경의 공덕은 십만억 부처님께 공양한 것과 같은 공덕이 있습니다.

門	剛		土	種	水	數
문	강		도	종	수	수
音	華	此	種	名	海	香
음	화	차	종	명	해	향
此	蓋	中	種	無	水	
차	개	중	종	무	수	
上	佛	最	言	量	無	海
상	불	최	언	량	무	해
過	號	下	說	方	邊	其
과	호	하	설	방	변	기
十	無	方	音	差	輪	最
십	무	방	음	차	륜	최
佛	盡	有	爲	別	莊	近
불	진	유	위	별	장	근
刹	相	世	體	以	嚴	輪
찰	상	세	체	이	엄	륜
微	光	界		一	底	圍
미	광	계		일	저	위
塵	明	名		切	世	山
진	명	명		체	세	산
數	普	金		國	界	香
수	보	금		국	계	향

사경의 공덕은 십만억 부처님께 공양한 것과 같은 공덕이 있습니다.

有(유) 勝(승) 世(세) 德(덕) 齊(제) 世(세)
世(세) 慧(혜) 界(계) 此(차) 雲(운) 等(등) 界(계)
界(계) 海(해) 名(명) 上(상) 大(대) 名(명) 有(유)
名(명) 於(어) 衆(중) 與(여) 威(위) 出(출) 世(세)
日(일) 此(차) 寶(보) 娑(사) 勢(세) 生(생) 界(계)
光(광) 世(세) 具(구) 婆(바) 寶(보) 與(여)
明(명) 界(계) 妙(묘) 世(세) 衣(의) 金(금)
衣(의) 種(종) 莊(장) 界(계) 幢(당) 剛(강)
服(복) 最(최) 嚴(엄) 齊(제) 佛(불) 幢(당)
幢(당) 上(상) 佛(불) 等(등) 號(호) 世(세)
佛(불) 方(방) 號(호) 有(유) 福(복) 界(계)

사경의 공덕은 십만억 부처님께 공양한 것과 같은 공덕이 있습니다.

嚴世界種名編示十方一切
次有香水海名寶師子
羅宮殿外次世界種名香水
水海諸佛子次彼香水海名光所修
號智日蓮華雲青寶莊嚴香

사경의 공덕은 십만억 부처님께 공양한 것과 같은 공덕이 있습니다.

	明 보			
界계	次차	世세		寶보
次차	種종	有유	界계	次차	雲운	次차
有유	名명	香향	種종	有유	世세	有유
香향	徧변	水수	名명	香향	界계	香향
水수	觀관	海해	妙묘	水수	種종	水수
海해	察찰	名명	莊장	海해	名명	海해
名명	十시	燈등	嚴엄	名명	寶보	名명
不불	方방	焰염	徧변	出출	輪륜	宮궁
思사	變변	妙묘	照조	大대	妙묘	殿전
議의	化화	眼안	法법	蓮연	莊장	色색
莊장		世세	界계	華화	嚴엄	光광

사경의 공덕은 십만억 부처님께 공양한 것과 같은 공덕이 있습니다.

嚴	名	嚴		明	風	世
엄	명	엄		명	풍	세
輪	稱	世	次	世	次	界
륜	칭	세	차	세	차	계
世	次	有	界	有	界	種
세	차	유	계	유	계	종
界	有	香	種	香	種	名
계	유	향	종	향	종	명
種	香	名	水	名	水	如
종	향	명	수	명	수	여
名	水	燈	海	須	海	來
명	수	등	해	수	해	래
十	海	光	名	彌	名	身
시	해	광	명	미	명	신
方	名	照	清	無	寶	光
방	명	조	청	무	보	광
光	寶	耀	淨	能	衣	明
광	보	요	정	능	의	명
明	積		寶	爲	欄	
명	적		보	위	란	
普	莊		光	礙	楯	
보	장		광	애	순	

사경의 공덕은 십만억 부처님께 공양한 것과 같은 공덕이 있습니다.

金色佛號香焰勝威光此上 音聲此中爲最下方有世界此名妙 安住帝網爲體 一切菩薩智地 水海名水樹莊嚴幢世界種名香 數香如是等不可說佛刹微塵

사경의 공덕은 십만억 부처님께 공양한 것과 같은 공덕이 있습니다.

界계		正정	現현	香향		嚴엄
種종	次차		蓮연	水수	諸제	佛불
名명	有유		華화	海해	佛불	號호
徧변	香향		處처	外외	子자	蓮연
法법	水수		世세	次차	彼피	華화
界계	海해		界계	有유	金금	開개
無무	名명		種종	香향	剛강	敷부
迷미	摩마		名명	水수	輪륜	光광
惑혹	尼니		國국	海해	莊장	明명
次차	光광		土토	名명	嚴엄	王왕
有유	世세		平평	化화	底저	

사경의 공덕은 십만억 부처님께 공양한 것과 같은 공덕이 있습니다.

	種종	香향	世세		界계	香향
次차	名명	水수	界계	次차	種종	水수
有유	無무	海해	種종	有유	名명	海해
香향	邊변	名명	名명	香향	普보	名명
水수	方방	無무	普보	水수	現현	衆중
海해	差차	邊변	行행	海해	十시	妙묘
名명	別별	深심	佛불	名명	方방	香향
堅견		妙묘	言언	恒항		日일
實실		音음	音음	納납		摩마
積적		世세	次차	寶보		尼니
聚취		界계	有유	流류		世세

사경의 공덕은 십만억 부처님께 공양한 것과 같은 공덕이 있습니다.

大方廣佛華嚴經 23

嚴 엄	有 유	音 음		名 명	香 향	世 세
世 세	香 향	聲 성	次 차	普 보	水 수	界 계
界 계	水 수	藏 장	有 유	淸 청	海 해	種 종
種 종	海 해	世 세	香 향	淨 정	名 명	名 명
名 명	名 명	界 계	水 수	莊 장	淸 청	無 무
普 보	妙 묘	種 종	海 해	嚴 엄	淨 정	量 량
現 현	香 향	名 명	名 명		梵 범	處 처
光 광	寶 보	逈 형	栴 전		音 음	差 차
明 명	王 왕	出 출	檀 단		世 세	別 별
力 력	光 광	幢 당	欄 란		界 계	次 차
		莊 장	次 차	楯 순		種 종	有 유

사경의 공덕은 십만억 부처님께 공양한 것과 같은 공덕이 있습니다.

大方廣佛華嚴經

音음	密밀		行행	蓮연	香향
次차	焰염	次차	華화	水수	諸제
有유	雲운	有유		妙묘	海해	佛불
香향	世세	香향		莊장	外외	子자
水수	界계	水수		嚴엄	次차	彼피
海해	種종	海해		世세	有유	蓮연
名명	名명	名명		界계	香향	華화
十십	普보	毘비		種종	水수	因인
方방	出출	瑠유		名명	海해	陀다
光광	十십	璃리		普보	名명	羅라
焰염	方방	竹죽		徧변	銀은	網망

사경의 공덕은 십만억 부처님께 공양한 것과 같은 공덕이 있습니다.

	世 세	次 차	摩 마		十 시	聚 취
次 차	界 계	有 유	尼 니	次 차	方 방	世 세
有 유	種 종	香 향	幢 당	有 유		界 계
香 향	名 명	水 수	世 세	香 향		種 종
水 수	法 법	海 해	界 계	水 수		名 명
海 해	界 계	名 명	種 종	海 해		恒 항
名 명	勇 용	平 평	名 명	名 명		出 출
寶 보	猛 맹	等 등	金 금	出 출		變 변
華 화	旋 선	大 대	剛 강	現 현		化 화
叢 총		莊 장	幢 당	眞 진		分 분
無 무		嚴 엄	相 상	金 금		布 포

사경의 공덕은 십만억 부처님께 공양한 것과 같은 공덕이 있습니다.

布 포	海 해	世 세	種 종	次 차	盡 진
	名 명	界 계	次 차	名 명	有 유	光 광
	寂 적	種 종	有 유	演 연	香 향	世 세
	音 음	名 명	香 향	說 설	水 수	界 계
	世 세	普 보	水 수	微 미	海 해	種 종
	界 계	莊 장	海 해	密 밀	名 명	名 명
	種 종	嚴 엄	名 명	處 처	妙 묘	無 무
	名 명	次 차	光 광		金 금	邊 변
	現 현	有 유	影 영		幢 당	淨 정
	前 전	香 향	徧 변		世 세	光 광
	垂 수	水 수	照 조		界 계	明 명

사경의 공덕은 십만억 부처님께 공양한 것과 같은 공덕이 있습니다.

眼 안		場 량	一 일	水 수	數 수
莊 장	於 어	衆 중	切 체	海 해	香 향	如 여
嚴 엄	此 차	會 회	光 광	名 명	水 수	是 시
佛 불	最 최	音 음	莊 장	密 밀	海 해	等 등
號 호	下 하	爲 위	嚴 엄	焰 염	其 기	不 불
金 금	方 방	體 체	以 이	雲 운	最 최	可 가
剛 강	有 유		一 일	幢 당	近 근	說 설
月 월	世 세		切 체	世 세	輪 륜	佛 불
徧 변	界 계		如 여	界 계	圍 위	刹 찰
照 조	名 명		來 래	種 종	山 산	微 미
十 시	淨 정		道 도	名 명	香 향	塵 진

사경의 공덕은 십만억 부처님께 공양한 것과 같은 공덕이 있습니다.

羅라	世세		覺각	界계	界계	方방
王왕	界계	此차	慧혜	名명	與여	此차
幢당	名명	上상		蓮연	金금	上상
	金금	與여		華화	剛강	過과
	剛강	婆사		德덕	幢당	十십
	密밀	婆바		佛불	世세	佛불
	莊장	世세		號호	界계	刹찰
	嚴엄	界계		大대	齊제	微미
	佛불	齊제		精정	等등	塵진
	號호	等등		進진	有유	數수
		婆사		有유	善선	世세	世세

사경의 공덕은 십만억 부처님께 공양한 것과 같은 공덕이 있습니다.

稱	寶	水		威	界
칭	보	수		위	계
莊	光	海	諸	德	有	此
장	광	해	제	덕	유	차
嚴	明	外	佛	絕	世	上
엄	명	외	불	절	세	상
	徧	次	子	倫	界	過
	변	차	자	륜	계	과
	照	有	彼	無	名	七
	조	유	피	무	명	칠
	世	香	積	能	淨	佛
	세	향	적	능	정	불
	界	水	集	制	海	刹
	계	수	집	제	해	찰
	種	海	寶	伏	莊	微
	종	해	보	복	장	미
	名	名	香		嚴	塵
	명	명	향		엄	진
	無	一	藏		佛	數
	무	일	장		불	수
	垢	切	香		號	世
	구	체	향		호	세

사경의 공덕은 십만억 부처님께 공양한 것과 같은 공덕이 있습니다.

香향	世세		名명	水수	敷부
水수	界계	次차	無무	海해	世세	次차
海해	種종	有유	礙애	名명	界계	有유
名명	名명	香향	光광	吉길	種종	香향
出출	普보	水수	普보	祥상	名명	水수
生생	現현	海해	莊장	幄악	虛허	海해
妙묘	十시	名명	嚴엄	徧변	空공	名명
色색	方방	栴전		照조	相상	衆중
寶보	旋선	檀단		世세	次차	寶보
世세	次차	樹수		界계	有유	華화
界계	有유	華화		種종	香향	開개

사경의 공덕은 십만억 부처님께 공양한 것과 같은 공덕이 있습니다.

	光 광	嚴 엄	次 차	華 화	種 종
次 차	明 명	飾 식	有 유	世 세	名 명
有 유		世 세	香 향	界 계	勝 승
香 향		界 계	水 수	種 종	幢 당
水 수		種 종	海 해	名 명	周 주
海 해		名 명	名 명	現 현	徧 변
名 명		示 시	心 심	不 불	行 행
積 적		現 현	王 왕	思 사	普 보
集 집		無 무	摩 마	議 의	生 생
寶 보		礙 애	尼 니	莊 장	金 금
瓔 영		佛 불	輪 륜	嚴 엄	剛 강

種종	水수	數수		種종	水수	珞락
名명	海해	香향	如여	名명	海해	世세
普보	名명	水수	是시	諸제	名명	界계
音음	閻염	海해	等등	佛불	眞진	種종
幢당	浮부	其기	不불	願원	珠주	名명
以이	檀단	最최	可가	所소	輪륜	淨정
入입	寶보	近근	說설	流류	普보	除제
一일	藏장	輪륜	佛불		莊장	疑의
切체	輪륜	圍위	刹찰		嚴엄	次차
智지	世세	山산	微미		世세	有유
門문	界계	香향	塵진		界계	香향

王	明	世	佛	藥	音
왕	명	세	불	예	음
幢	界	刹	焰	此	聲
당	계	찰	염	차	성
佛	齊	微	佛	中	爲
불	제	미	불	중	위
號	等	塵	號	最	體
호	등	진	호	최	체
	一	有	數	精	下
	일	유	수	정	하
	切	世	世	進	方
	체	세	세	진	방
	功	界	界	施	有
	공	계	계	시	유
	德	名	與	此	世
	덕	명	여	차	세
	最	蓮	金	上	界
	최	연	금	상	계
	勝	華	剛	過	名
	승	화	강	과	명
	心	光	幢	十	華
	심	광	당	십	화

사경의 공덕은 십만억 부처님께 공양한 것과 같은 공덕이 있습니다.

號方量名界
호 방 량 명 계

諸廣有功十與此
제 광 유 공 십 여 차

佛大世德力娑上
불 대 세 덕 력 사 상

子善界王莊婆過
자 선 계 왕 장 바 과

彼眼名於嚴世三
피 안 명 어 엄 세 삼

寶淨摩此佛界佛
보 정 마 차 불 계 불

莊除尼世號齊刹
장 제 니 세 호 제 찰

嚴疑香界善等微
엄 의 향 계 선 등 미

香　　山種出有塵
향　　산 종 출 유 진

水　　幢最現世數
수　　당 최 현 세 수

海　　佛上無界世
해　　불 상 무 계 세

사경의 공덕은 십만억 부처님께 공양한 것과 같은 공덕이 있습니다.

大方廣佛華嚴經

嚴寶淨大　明外
　蓮莊威次藏次
　華嚴力有世有
　世次境香界香
　界有界水種水
　種香世海名海
　名水界名出名
　最海種種生持
　勝名名種廣須
　燈密無莊大彌
　莊布礙嚴雲光

사경의 공덕은 십만억 부처님께 공양한 것과 같은 공덕이 있습니다.

香향	世세		世세	藏장	寶보	
水수	界계	次차	界계	次차	莊장	次차
海해	種종	有유	種종	有유	嚴엄	有유
名명	名명	香향	名명	香향	世세	香향
持지	最최	水수	寶보	水수	界계	水수
妙묘	勝승	海해	華화	海해	種종	海해
摩마	形형	名명	依의	名명	名명	名명
尼니	莊장	極극	處처	衆중	日일	依의
峯봉	嚴엄	聰총		多다	光광	止지
世세	次차	慧혜		嚴엄	明명	一일
界계	有유	行행		淨정	網망	切체

사경의 공덕은 십만억 부처님께 공양한 것과 같은 공덕이 있습니다.

數수		徧변	香향	世세		種종
香향	如여	照조	水수	界계	次차	名명
水수	是시	世세	海해	種종	有유	普보
海해	等등	界계	名명	名명	香향	淨정
其기	不불	種종	可가	帝제	水수	虛허
最최	可가	名명	愛애	靑청	海해	空공
近근	說설	普보	摩마	炬거	名명	藏장
輪륜	佛불	吼후	尼니	光광	大대	
圍위	刹찰	聲성	珠주	明명	光광	
山산	微미		充충	次차	徧변	
香향	塵진		滿만	有유	照조	

사경의 공덕은 십만억 부처님께 공양한 것과 같은 공덕이 있습니다.

剛	過	勝		吼	周	水
강	과	승		후	주	수
幢	十	藏	此	聲	徧	海
당	십	장	차	성	변	해
世	佛	佛	中	爲	無	名
세	불	불	중	위	무	명
界	刹	號	最	體	差	出
계	찰	호	최	체	차	출
齊	微	最	下		別	帝
제	미	최	하		별	제
等	塵	勝	方		以	青
등	진	승	방		이	청
有	數	功	有		一	寶
유	수	공	유		일	보
世	世	德	世		切	世
세	세	덕	세		체	세
界	界	慧	界		菩	界
계	계	혜	계		보	계
名	與	此	名		薩	種
명	여	차	명		살	종
莊	金	上	妙		震	名
장	금	상	묘		진	명

사경의 공덕은 십만억 부처님께 공양한 것과 같은 공덕이 있습니다.

	變	有	須	世	嚴
諸	化	世	彌	界	相
佛	妙	界	燈	此	佛
子	慧	名	於	名	號
彼	雲	華	此	瑠	與
金		幢	世	璃	娑
剛		海	界	輪	婆
寶		佛	種	普	世
聚		號	最	莊	界
香		無	上	嚴	齊
水		盡	方	佛	等
				號	有
					大光明

사경의 공덕은 십만억 부처님께 공양한 것과 같은 공덕이 있습니다.

	一 일	香 향	世 세		埤 비	海 해
次 차	切 체	水 수	界 계	次 차	埨 예	外 외
有 유	寶 보	海 해	種 종	有 유	世 세	次 차
香 향	莊 장	名 명	名 명	香 향	界 계	有 유
水 수	嚴 엄	妙 묘	現 현	水 수	種 종	香 향
海 해	光 광	寶 보	一 일	海 해	名 명	水 수
名 명	明 명	雲 운	切 체	名 명	秀 수	海 해
寶 보	徧 변	世 세	光 광	寶 보	出 출	名 명
樹 수	照 조	界 계	明 명	幢 당	寶 보	崇 숭
華 화		種 종	次 차	莊 장	幢 당	飾 식
莊 장		名 명	有 유	嚴 엄		寶 보

사경의 공덕은 십만억 부처님께 공양한 것과 같은 공덕이 있습니다.

剛 강	名 명	界 계		種 종	香 향	嚴 엄
無 무	示 시	種 종	次 차	名 명	水 수	世 세
所 소	現 현	名 명	有 유	光 광	海 해	界 계
礙 애	光 광	寶 보	香 향	明 명	名 명	種 종
	明 명	焰 염	水 수	海 해	妙 묘	名 명
	世 세	雲 운	海 해		寶 보	妙 묘
	界 계	次 차	名 명		衣 의	華 화
	種 종	有 유	寶 보		莊 장	間 간
	名 명	香 향	樹 수		嚴 엄	飾 식
	入 입	水 수	峯 봉		世 세	次 차
	金 금	海 해	世 세		界 계	有 유

사경의 공덕은 십만억 부처님께 공양한 것과 같은 공덕이 있습니다.

水數　種有嚴
수 수　종 유 엄

海香如名香世次
해 향 여 명 향 세 차

名水是普水界有
명 수 시 보 수 계 유

不海等示海種香
불 해 등 시 해 종 향

可其不現名名水
가 기 불 현 명 명 수

壞最可國妙無海
괴 최 가 국 묘 무 해

海近說土寶邊名
해 근 설 토 보 변 명

世輪佛藏莊岸蓮
세 륜 불 장 장 안 연

界圍刹　嚴海華
계 위 찰　엄 해 화

種山微　世淵普
종 산 미　세 연 보

名香塵　界次莊
명 향 진　계 차 장

사경의 공덕은 십만억 부처님께 공양한 것과 같은 공덕이 있습니다.

妙 묘	力 력		妙 묘	此 차	與 여	名 명
輪 륜	所 소		香 향	上 상	金 금	不 불
間 간	出 출	中 중	過 과		剛 강	思 사
錯 착	音 음	最 최	號 호	十 십	幢 당	議 의
蓮 연	爲 위	下 하	變 변	佛 불	世 세	差 차
華 화	體 체	方 방	化 화	刹 찰	界 계	別 별
場 장	有 유	世 세	無 무	微 미	齊 제	莊 장
以 이		界 계	量 량	塵 진	等 등	嚴 엄
一 일		塵 진	數 수		有 유	門 문
切 체	名 명	數 수	世 세	世 세	佛 불
佛 불	最 최	光 광	界 계	界 계	號 호

사경의 공덕은 십만억 부처님께 공양한 것과 같은 공덕이 있습니다.

	天 천	方 방	號 호	世 세		無 무
諸 제	光 광	有 유	師 사	界 계	此 차	量 량
佛 불	焰 염	世 세	子 자	名 명	上 상	智 지
子 자	門 문	界 계	眼 안	十 시	與 여	
彼 피		名 명	光 광	方 방	婆 사	
天 천		海 해	焰 염	光 광	婆 바	
城 성		音 음	雲 운	明 명	世 세	
寶 보		聲 성	於 어	妙 묘	界 계	
堞 첩		佛 불	此 차	華 화	齊 제	
香 향		號 호	最 최	藏 장	等 등	
水 수		水 수	上 상	佛 불	有 유	

사경의 공덕은 십만억 부처님께 공양한 것과 같은 공덕이 있습니다.

名명	水수	界계		莊장	奕혁	海해
寶보	海해	種종	次차	嚴엄	光광	外외
光광	名명	名명	有유	世세	次차
徧변	具구	普보	香향	界계	有유
照조	一일	入입	水수	種종	香향
	切체	無무	海해	名명	水수
莊장	量량	名명		不불	海해
嚴엄	旋선	寶보		可가	名명
	世세	次차	塵진	說설	焰염
	界계	有유	路로	種종	輪륜
	種종	香향	世세	種종	赫혁

사경의 공덕은 십만억 부처님께 공양한 것과 같은 공덕이 있습니다.

次	影		名	水	世
차	영		명	수	세
有	世	次	世	海	界	次
유	세	차	세	해	계	차
香	界	有	界	名	種	有
향	계	유	계	명	종	유
水	種	香	海	妙	名	香
수	종	향	해	묘	명	향
海	名	水	明	寶	安	水
해	명	수	명	보	안	수
名	徧	海	了	莊	布	海
명	변	해	료	장	포	해
一	入	名	音	嚴	深	名
일	입	명	음	엄	심	명
切	因	日		幢	密	布
체	인	일		당	밀	포
鼓	陀	宮		世	次	衆
고	다	궁		세	차	중
樂	羅	淸		界	有	寶
락	라	청		계	유	보
美	網	淨		種	香	網
미	망	정		종	향	망

사경의 공덕은 십만억 부처님께 공양한 것과 같은 공덕이 있습니다.

數수	界계	有유	嚴엄		妙묘
香향	如여	種종	香향	世세	次차	音음
水수	是시	名명	水수	界계	有유	世세
海해	等등	隨수	海해	種종	香향	界계
其기	不불	佛불	名명	名명	水수	種종
最최	可가	本본	周주	淨정	海해	名명
近근	說설	願원	徧변	密밀	名명	圓원
輪륜	佛불	種종	寶보	光광	種종	滿만
圍위	刹찰	種종	焰염	焰염	種종	平평
山산	微미	形형	燈등	雲운	妙묘	正정
香향	塵진		世세		次차	莊장

사경의 공덕은 십만억 부처님께 공양한 것과 같은 공덕이 있습니다.

水名音　因喜一
海名音　因喜一
수명음　인희일
名化聲　陀佛清
名化聲　陀佛清
명화성　다불청
積現爲　羅剎淨
積現爲　羅剎淨
적현위　라찰정
集妙體　華微佛
集妙體　華微佛
집묘체　화미불
衣　最　藏塵號
　　下　藏塵號
의　하　장진호
瓔以方　世數堅
瓔以方　世數堅
영이방　세수견
珞三有　界世悟
珞三　有　界世悟
락삼유　계세오
衣世香　名界智
衣世香　名界智
의세향　명계지
世一水　發圍
世一水　發圍
세일수　발위
界切海　生遶
界체해　생요
界佛名　歡純
種佛名　歡純
종불명　환순

사경의 공덕은 십만억 부처님께 공양한 것과 같은 공덕이 있습니다.

界계		無무	數수	界계	界계
與여	此차	量량	世세	名명	與여	此차
婆사	上상	歡환	界계	寶보	金금	上상
婆바	過과	喜희	圍위	網망	剛강	過과
世세	三삼	光광	遶요	莊장	幢당	十십
界계	佛불		純순	嚴엄	世세	佛불
齊제	刹찰		一일	十십	界계	刹찰
等등	微미		淸청	佛불	齊제	微미
有유	塵진		淨정	刹찰	等등	塵진
世세	數수		佛불	微미	有유	數수
界계	世세		號호	塵진	世세	世세

사경의 공덕은 십만억 부처님께 공양한 것과 같은 공덕이 있습니다.

大方廣佛華嚴經 50

名	微	淨		界	界	微
명	미	정		계	계	미
寶	塵	不	此	至	名	塵
보	진	불	차	지	명	진
蓮	數	空	上	此	寶	數
연	수	공	상	차	보	수
華	世	聞	過	世	色	世
화	세	문	과	세	색	세
師	界		七	界	龍	界
사	계		칠	계	용	계
子	圍		佛	種	光	圍
자	위		불	종	광	위
座	遶		刹	最	明	遶
좌	요		찰	최	명	요
十	佛		微	上	二	純
십	불		미	상	이	순
三	號		塵	方	十	一
삼	호		진	방	십	일
佛	最		數	有	佛	清
불	최		수	유	불	청
刹	清		世	世	刹	淨
찰	청		세	세	찰	정

사경의 공덕은 십만억 부처님께 공양한 것과 같은 공덕이 있습니다.

	莊 장	依 의	可 가	刹 찰	佛 불
各 각	嚴 엄	現 현	說 설	微 미	號 호
各 각	蓮 연	一 일	佛 불	塵 진	佛 불	徧 변
莊 장	華 화	切 체	刹 찰	數 수	子 자	法 법
嚴 엄	住 주	菩 보	微 미	香 향	如 여	界 계
際 제		薩 살	塵 진	水 수	是 시	普 보
無 무		形 형	數 수	海 해	十 십	照 조
有 유		摩 마	世 세	中 중	不 불	明 명
間 간		尼 니	界 계	有 유	可 가	
斷 단		王 왕	種 종	十 십	說 설	
各 각		幢 당	皆 개	不 불	佛 불	

사경의 공덕은 십만억 부처님께 공양한 것과 같은 공덕이 있습니다.

	力력	十시	法법	劫겁	而이	各각
此차	所소	方방	海해	差차	覆부	放방
一일	加가	普보	各각	別별	其기	寶보
一일	持지	趣취	各각	各각	上상	色색
世세		入입	衆중	各각	各각	光광
界계			各각	生생	佛불	各각	明명
種종		各각	徧변	出출	莊장	各각
中중		一일	充충	現현	嚴엄	各각
一일		切체	滿만	各각	具구	光광
切체		佛불	各각	各각	各각	明명
世세		神신	各각	演연	各각	雲운

사경의 공덕은 십만억 부처님께 공양한 것과 같은 공덕이 있습니다.

界成海 義華莊
계성해 의화장
依世爾承藏嚴
의세이승장엄
種界時佛世極
종계시불세극
種網差普威界清
종망차보위계청
莊於別賢力海淨
장어별현력해정
嚴華周菩而
엄화주보이
住藏徧薩說法安
주장변살설법안
遞莊建欲頌界住
체장건욕송계주
相嚴立重言等於
상엄립중언등어
接世　宣　無虛
접세　선　무허
連界　其　別空
련계　기　별공

사경의 공덕은 십만억 부처님께 공양한 것과 같은 공덕이 있습니다.

大方廣佛華嚴經 54

須수	隨수	諸제	殊수	華화	一일	此차
彌미	其기	佛불	形형	藏장	一일	世세
山산	業업	變변	異이	世세	皆개	界계
城성	力력	化화	莊장	界계	自자	海해
網망	見견	音음	嚴엄	海해	在재	中중

水수	刹찰	種종	種종	刹찰	各각	刹찰
旋선	種종	種종	種종	種종	各각	種종
輪륜	妙묘	爲위	相상	善선	無무	難난
圓원	嚴엄	其기	不부	安안	雜잡	思사
形형	飾식	體체	同동	布포	亂란	議의

사경의 공덕은 십만억 부처님께 공양한 것과 같은 공덕이 있습니다.

一切	國土	刹	種	一	或	譬
일체	국토	찰	종	일	혹	비
諸	悉	種	種	切	成	如
제	실	종	종	체	성	여
刹	入	不	妙	刹	或	林
찰	입	사	묘	찰	혹	임
種	中	思	嚴	種	有	中
종	중	사	엄	종	유	중
		議	好	中	壞	葉
		의	호	중	괴	엽

所	普	世	皆	世	或	有
소	보	세	개	세	혹	유
有	見	界	由	界	有	生
유	견	계	유	계	유	생
莊	無	無	大	不	已	亦
장	무	무	대	불	이	역
嚴	有	邊	仙	思	壞	有
엄	유	변	선	사	괴	유
具	盡	際	力	議	滅	落
구	진	제	력	의	멸	락

衆生心淨故 譬如心如王寶 業譬力如差別故 譬如種子別故 如是依刹樹林 譬如依刹種中

得見清淨刹 隨衆心見淨 衆生刹不淨 生果各殊住 種種衆果差別 種種世界有成壞

譬如衆生業力故　衆生身各異
如幻師呪術力　出生種種事
譬如大龍王　興雲徧虛空
如是佛願力　能現諸國土
如是一切刹　心畫師所成
衆生身各異　隨心分別起

譬如衆生業　譬如幻師　譬如大龍王
如是衆生身　如業力故　如佛願力
各異　　續像　　呪術力　龍王

隨心分別起　心畫師所成　畫國土　能出現　興雲
徧虛空　　　　　　　　　　諸國土事

사경의 공덕은 십만억 부처님께 공양한 것과 같은 공덕이 있습니다.

大方廣佛華嚴經

譬如一種種彼種
如隨衆種諸種
是見生諸相蓮莊
刹導心刹不華嚴
種師行際同網事

莫種見周莊刹種
不種諸布嚴網種
皆刹蓮悉所衆
由亦華淸安生
業然淨住居別網

或	由	雜	隨	或	斯	有
혹	유	잡	수	혹	사	유
有	衆	染	衆	有	由	刹
유	중	염	중	유	유	찰
刹	生	及	生	刹	業	放
찰	생	급	생	찰	업	방
土	煩	清	心	土	力	光
토	번	청	심	토	력	광
中	惱	淨	起	中	起	明
중	뇌	정	기	중	기	명

險	於	無	菩	雜	菩	離
험	어	무	보	잡	보	이
惡	彼	量	薩	染	薩	垢
악	피	량	살	염	살	구
不	如	諸	力	及	之	寶
불	여	제	력	급	지	보
平	是	刹	所	清	所	所
평	시	찰	소	청	소	소
坦	見	種	持	淨	化	成
탄	견	종	지	정	화	성

種種妙嚴飾 一一刹種中 所現雖敗惡 由衆生業力 依止於法如風輪 世界法如是 而實無有生

諸佛令清淨思議 劫燒不堅固 其處常住土 出生多刹住 及以水輪同 種種見不壞 亦復無滅壞

一心念中　以佛威神力　悉見淨無量刹

有刹　泥土成

黑闇無光照

有刹　金剛成

苦多而樂少

或有用鐵成

出生無量刹

其體甚堅固

惡業者所居

雜染大憂怖

薄福之所處

或以赤銅作

사경의 공덕은 십만억 부처님께 공양한 것과 같은 공덕이 있습니다.

石山險可畏 刹中有地獄 常在黑闇中 或復有畜生 由其自惡業 或見閻羅界 登上大火山

罪惡者充滿 衆生受苦無救 焰海所燒然 種種醜陋形 常受諸苦惱 飢渴所煎逼 受諸極重苦

사경의 공덕은 십만억 부처님께 공양한 것과 같은 공덕이 있습니다.

或 혹	種 종	汝 여	淨 정	一 일	種 종	衆 중
有 유	種 종	應 응	業 업	一 일	種 종	生 생
諸 제	諸 제	觀 관	果 과	毛 모	相 상	各 각
刹 찰	宮 궁	世 세	成 성	孔 공	莊 장	各 각
土 토	殿 전	間 간	就 취	中 중	嚴 엄	業 업

七 칠	斯 사	其 기	隨 수	億 억	未 미	世 세
寶 보	由 유	中 중	時 시	刹 찰	曾 증	界 계
所 소	淨 정	人 인	受 수	不 불	有 유	無 무
合 합	業 업	與 여	快 쾌	思 사	迫 박	量 량
成 성	得 득	天 천	樂 락	議 의	隘 애	種 종

사경의 공덕은 십만억 부처님께 공양한 것과 같은 공덕이 있습니다.

於一蓮華內　有刹月輪成　金色栴檀香　有刹妙光為蓮華體　金剛衆寶成　有刹取著生

菩薩皆悉充滿　香衣雲普周布　焰雲普照明　依止光輪住　莊嚴淨無垢　常放無邊光　受苦樂不同

사경의 공덕은 십만억 부처님께 공양한 것과 같은 공덕이 있습니다.

或혹 化화 或혹 摩마 有유 譬비 有유
有유 佛불 有유 尼니 刹찰 如여 刹찰
淸청 皆개 難난 光광 香향 天천 衆중
淨정 充충 思사 影영 爲위 帝제 寶보
刹찰 滿만 刹찰 形형 體체 網망 成성

悉실 菩보 華화 觀관 或혹 光광 色색
是시 薩살 旋선 察찰 是시 明명 相상
衆중 普보 所소 甚심 金금 恒항 無무
華화 光광 成성 淸청 剛강 照조 諸제
樹수 明명 就취 淨정 華화 耀요 垢구

사경의 공덕은 십만억 부처님께 공양한 것과 같은 공덕이 있습니다.

大方廣佛華嚴經

或혹 或혹 或혹 有유 有유 有유 妙묘
佛불 是시 有유 刹찰 是시 刹찰 枝지
光광 梅전 如여 如여 佛불 淨정 布포
中중 檀단 座좌 菩보 化화 光광 道도
音음 末말 形형 薩살 音음 照조 場량

而이 或혹 從종 摩마 無무 金금 陰음
成성 是시 化화 尼니 邊변 剛강 以이
斯사 眉미 光광 妙묘 列렬 華화 摩마
妙묘 間간 明명 寶보 成성 所소 尼니
刹찰 光광 出출 冠관 網망 成성 雲운

사경의 공덕은 십만억 부처님께 공양한 것과 같은 공덕이 있습니다.

或見清淨莊嚴刹 或見多國土
或用十千
或以千億
或以種種相
或種種不同
不可說土物

以一光莊嚴 種種皆作奇妙嚴飾
妙物爲莊嚴 一切校飾土
莊嚴於影像現
莊嚴皆如影於一刹

未來諸國土 미래제국토
佛子汝應觀 불자여응관
三世刹莊嚴 삼세찰장엄
諸修普賢願 제수보현원
一切莊嚴中 일체장엄중
或有諸國土 혹유제국토
各各放光明 각각방광명

如夢悉令見 여몽실령견
刹種威神力 찰종위신력
一切於中現 일체어중현
所得清淨土 소득청정토
普見衆刹海 보견중찰해
願力所淨治 원력소정치
如來願力起 여래원력기

사경의 공덕은 십만억 부처님께 공양한 것과 같은 공덕이 있습니다.

大方廣佛華嚴經 70

十方諸世界 咸於一一中
三世一切刹 一一刹中佛
於一切佛刹 種種一一佛
一一種種佛 悉佛神力現
或種悉明見 眾多刹

過去現及一 塵如其
國土猶其以一切中 形影
如化國土 悉眾現無如
海實土見土真大
海

사경의 공덕은 십만억 부처님께 공양한 것과 같은 공덕이 있습니다.

或혹 如여 佉구 勒륵 迦가

或혹 有유 如여 座좌 形형

八팔 隅우 備비 衆중 飾식

或혹 作작 寶보 輪륜 形형

或혹 如여 樹수 林림 形형

有유 刹찰 善선 安안 住주

或혹 如여 須수 彌미 山산

城성 郭곽 梵범 王왕 身신

或혹 復부 有유 三삼 隅우

種종 種종 悉실 清청 淨정

或혹 有유 蓮연 華화 狀장

諸제 佛불 滿만 其기 中중

其기 形형 如여 帝제 網망

世세 界계 不불 思사 議의

或有如佛手 혹유여불수
或如佛毫相 혹여불호상
或有如輪輞 혹유여륜망
或作光明輪 혹작광명륜
或有如世界 혹유여세계
或如摩尼山 혹여마니산
或如天主髻 혹여천주계

或如金剛杵 혹여금강저
肉髻廣長眼 육계광장안
或有壇墠形 혹유단선형
佛昔所嚴淨 불석소엄정
譬如香海旋 비여향해선
或如日輪形 혹여일륜형
或有如半月 혹유여반월

사경의 공덕은 십만억 부처님께 공양한 것과 같은 공덕이 있습니다.

乃	有	皆	於	無	或	或
내	유	개	어	무	혹	혹
至	刹	由	一	量	如	如
지	찰	유	일	량	여	여
過	住	佛	刹	諸	師	焰
과	주	불	찰	제	사	염
百	一	願	種	色	子	山
백	일	원	종	색	자	산
千	劫	力	中	相	形	形
천	겁	력	중	상	형	형

國	或	護	刹	體	或	菩
국	혹	호	찰	체	혹	보
土	住	念	形	性	如	薩
토	주	념	형	성	여	살
微	於	得	無	各	海	悉
미	어	득	무	각	해	실
塵	十	安	有	差	蚌	周
진	십	안	유	차	방	주
數	劫	住	盡	別	形	徧
수	겁	주	진	별	형	변

사경의 공덕은 십만억 부처님께 공양한 것과 같은 공덕이 있습니다.

歿	有	國	或	或	或	或
몰	유	국	혹	혹	혹	혹
天	佛	土	有	有	無	於
천	불	토	유	유	무	어
與	變	若	唯	刹	量	一
여	변	약	유	찰	량	일
降	化	無	一	有	無	劫
강	화	무	일	유	무	겁
神	來	佛	佛	佛	數	中
신	래	불	불	불	수	중

處	爲	他	或	或	乃	見
처	위	타	혹	혹	내	견
胎	現	方	有	有	至	刹
태	현	방	유	유	지	찰
及	諸	世	無	刹	不	有
급	제	세	무	찰	불	유
出	佛	界	量	無	思	成
출	불	계	량	무	사	성
生	事	中	佛	佛	議	壞
생	사	중	불	불	의	괴

사경의 공덕은 십만억 부처님께 공양한 것과 같은 공덕이 있습니다.

降 항	隨 수	爲 위	一 일	經 경	衆 중	若 약
魔 마	衆 중	轉 전	一 일	於 어	生 생	有 유
成 성	生 생	妙 묘	佛 불	億 억	非 비	心 심
正 정	心 심	法 법	刹 찰	千 천	法 법	樂 락
覺 각	樂 락	輪 륜	中 중	歲 세	器 기	者 자

轉 전	示 시	悉 실	一 일	演 연	不 불	一 일
無 무	現 현	應 응	佛 불	說 설	能 능	切 체
上 상	種 종	其 기	出 출	無 무	見 견	處 처
法 법	種 종	根 근	興 흥	上 상	諸 제	皆 개
輪 륜	相 상	欲 욕	世 세	法 법	佛 불	見 견

사경의 공덕은 십만억 부처님께 공양한 것과 같은 공덕이 있습니다.

或(혹)	苦(고)	有(유)	悉(실)	此(차)	一(일)	一(일)
有(유)	觸(촉)	刹(찰)	徧(변)	中(중)	切(체)	一(일)
諸(제)	如(여)	無(무)	於(어)	一(일)	刹(찰)	刹(찰)
天(천)	刀(도)	光(광)	法(법)	一(일)	中(중)	土(토)
光(광)	劍(검)	明(명)	界(계)	佛(불)	佛(불)	中(중)

或(혹)	見(견)	黑(흑)	調(조)	現(현)	億(억)	各(각)
有(유)	者(자)	闇(암)	伏(복)	無(무)	數(수)	有(유)
宮(궁)	自(자)	多(다)	衆(중)	量(량)	不(불)	佛(불)
殿(전)	酸(산)	恐(공)	生(생)	神(신)	思(사)	興(흥)
光(광)	毒(독)	懼(구)	海(해)	變(변)	議(의)	世(세)

사경의 공덕은 십만억 부처님께 공양한 것과 같은 공덕이 있습니다.

或	有	未	或	或	或	有
혹	유	미	혹	혹	혹	유
日	刹	曾	有	以	有	是
일	찰	증	유	이	유	시
月	自	有	山	燈	佛	蓮
월	자	유	산	등	불	연
光	光	苦	光	光	光	華
광	광	고	광	광	광	화
明	明	惱	明	照	明	光
명	명	뇌	명	조	명	광

刹	或	衆	或	悉	菩	焰
찰	혹	중	혹	실	보	염
網	樹	生	有	衆	薩	色
망	수	생	유	중	살	색
難	放	福	摩	生	滿	甚
난	방	복	마	생	만	심
思	淨	力	尼	業	其	嚴
사	정	력	니	업	기	엄
議	光	故	光	力	中	好
의	광	고	광	력	중	호

사경의 공덕은 십만억 부처님께 공양한 것과 같은 공덕이 있습니다.

或혹	淨정	或혹	佛불	有유	塗도	有유
有유	音음	以이	神신	以이	香향	刹찰
摩마	能능	寶보	力력	雲운	燒소	華화
尼니	遠원	光광	光광	光광	香향	光광
光광	震진	照조	照조	照조	照조	照조

或혹	所소	或혹	能능	摩마	皆개	有유
是시	至지	金금	宣선	尼니	由유	以이
嚴엄	無무	剛강	悅열	蚌방	淨정	香향
具구	衆중	焰염	意의	光광	願원	水수
光광	苦고	照조	聲성	照조	力력	照조

사경의 공덕은 십만억 부처님께 공양한 것과 같은 공덕이 있습니다.

或 佛 其 有 其 地 是
혹 불 기 유 기 지 시
道 放 光 刹 聲 獄 濁
도 방 광 찰 성 옥 탁
場 大 普 甚 極 畜 惡
량 대 보 심 극 축 악
光 光 照 可 酸 生 世
광 광 조 가 산 생 세
明 明 觸 畏 楚 道 界
명 명 촉 외 초 도 계

照 化 法 嘩 聞 及 恒
조 화 법 호 문 급 항
耀 佛 界 叫 者 以 出
요 불 계 규 자 이 출
衆 滿 悉 大 生 閻 憂
중 만 실 대 생 염 우
其 周 苦 厭 羅 苦
기 주 고 염 라 고
會 中 徧 聲 怖 處 聲
회 중 변 성 포 처 성

諸 제	寶 보	或 혹	或 혹	或 혹	悅 열	或 혹
佛 불	海 해	有 유	聞 문	有 유	意 의	有 유
圓 원	摩 마	諸 제	梵 범	國 국	順 순	國 국
光 광	尼 니	刹 찰	天 천	土 토	其 기	土 토
內 내	樹 수	土 토	音 음	中 중	敎 교	中 중

化 화	及 급	雲 운	一 일	恒 항	斯 사	常 상
聲 성	樂 락	中 중	切 체	聞 문	由 유	出 출
無 무	音 음	出 출	世 세	帝 제	淨 정	可 가
有 유	徧 변	妙 묘	主 주	釋 석	業 업	樂 락
盡 진	滿 만	聲 성	音 음	音 음	得 득	音 음

사경의 공덕은 십만억 부처님께 공양한 것과 같은 공덕이 있습니다.

及 不 願 三 名 或 地
菩 可 海 世 號 有 度
薩 思 所 一 皆 刹 及
妙 議 出 切 具 中 無
音 國 聲 佛 足 聞 量

周 普 修 出 音 一 如
聞 轉 行 生 聲 切 是
十 法 妙 諸 無 佛 法
方 輪 音 世 有 力 皆
刹 聲 聲 界 盡 音 演

			十 시方 방法 법界 계	佛 불於 어清 청淨 정中 중	其 기音 음若 약雷 뢰震 진	普 보賢 현誓 서願 원力 력
			一 일切 체無 무不 불聞 문	示 시現 현自 자在 재音 음	住 주劫 겁亦 역無 무盡 진	億 억刹 찰演 연妙 묘音 음

사경의 공덕은 십만억 부처님께 공양한 것과 같은 공덕이 있습니다.

發 願 文

귀의 삼보하옵고

거룩하신 부처님께 발원하옵나이다.

주 소 : _____

전 화 : _____ 불명 : _____ 성명 : _____

불기 25_____년 _____월 _____일